Gilles Diederichs

Zen au bac

Illustrations Thomas

rue des écoles

ISBN : 978-2-84431-824-4
Achevé d'imprimer en Italie en avril 2010
Dépôt légal : mai 2010
Loi n° 49-956 du 16 juillet 1949 sur les publications destinées à la jeunesse

INTRODUCTION

Avoir des émotions fortes, telles que crainte, perte de confiance, stress mental et physique, est tout à fait normal et fait même partie intégrante de vos expériences. Néanmoins, avant le bac, cette panoplie existentielle peut devenir un champ de bataille où vous vous trouvez confronté à vous-même ! Il est étonnant de voir à quel point vous avez la capacité d'amplifier ces phénomènes et de souvent vouloir les éviter, voire les fuir. Or ces perturbations portent en elles un fabuleux potentiel énergétique ! Cette énergie peut devenir un terreau extrêmement fertile pour y planter les graines de la détente, de la confiance ou de la volonté d'être présent et responsable le jour J. Vous êtes anxieux ? Bien ! Très nerveux et parfois asphyxié par vos peurs ? Parfait ! Quelle source de bien-être ! Chaque chapitre propose une démarche adaptée à une situation que vous rencontrerez à coup sûr. Commencez par tester ces activités selon vos désirs.

Vous avez besoin d'être plus serein ? Réalisez l'un des trois enchaînements proposés dans le chapitre intitulé « Prélude à la détente ». Vous avez besoin de tonus ? Choisissez le chapitre « Du Punch ! ». Vous éprouvez la nécessité d'évacuer le stress immédiatement ? Le chapitre « Sachons chasser le stress... » vous attend. Vous perdez confiance ? Suivez le chapitre « Être positif, c'est être constructif ». Vous rencontrez des problèmes de sommeil, de tensions corporelles, de récupération nerveuse ? « Les clefs de la réussite » sont à votre portée. Quant au chapitre intitulé « Une petite pause s'impose », il vous apprendra à consacrer quelques minutes pour mettre en place un sas de décompression afin de vous ressourcer, même en plein examen. Les parents ne sont pas oubliés : un chapitre leur est consacré ! Pourquoi ? Parce que les parents, par leur attente souvent démesurée, alourdissent votre angoisse ou votre stress. Donc « Zen au bac » pour tous ! Retenez que ce moment passé à vous occuper de vous est un gain de temps que vous vous accordez. Ce sont les nombreux bénéfices d'une pratique journalière qui vous permettront de retenir facilement les informations, d'être en forme physiquement et mentalement, d'avoir envie d'être entreprenant et de vous projeter dans la réussite. De plus, vous effectuez déjà souvent ces petits exercices, sans en être conscient. Par conséquent, parcourez ce livre, qui ne peut répondre au cas par cas mais propose des exercices types.

Si vous deviez ainsi suivre une méthode journalière, procédez comme ceci : commencez par une activité physique ; poursuivez par une respiration maîtrisée (inspirer de l'air se fait généralement par le nez, et doucement, tandis qu'expirer l'air peut se faire par le nez ou la bouche, selon les effets désirés) ensuite, traitez l'humeur du moment. Trop de stress, de défaitisme, un manque de vitalité ? Après avoir entrepris les deux premières étapes de base, vous pourrez agir sur un fait précis en choisissant le chapitre adapté . Pensez toujours à reprendre votre travail en commençant par une activité qui vous plaît (pas de sacrifice, du plaisir !).

Très vite, vous serez en mesure de situer vos points forts et vos points faibles. Trop rapidement déconcentré ou bien déjà en pleine forme, repérez ce qui vous paraît indispensable d'accentuer ou d'approfondir au niveau du développement personnel afin de vous sentir équilibré le jour J.

Ainsi vous passerez une période de révision créative et enrichissante, mais surtout, vous ne serez pas perturbé par les humeurs dues à l'enjeu des périodes d'examens. Votre esprit a besoin de votre corps pour accomplir sa réussite, de même que votre corps demande à votre esprit d'agir en toute conscience pour accomplir les performances que vous lui demandez ! Notez par ailleurs que toute cette connaissance vous sera très largement utile, bien au-delà de ce moment crucial qu'est l'épreuve du bac ! Profitez-en et amusez-vous !

Prélude à la détente

Besoin de détente physique ?

Avant tout, il faut respirer ! Une bonne respiration favorise le bien-être, évite de se faire happer par la rêverie et surtout unifie le corps et l'esprit. Voici un enchaînement d'une prodigieuse simplicité : la respiration au niveau du ventre, au niveau des poumons et au niveau de la gorge.

1 Allez, debout ! Les mains posées sur le ventre. Inspirez par le nez en poussant l'abdomen vers l'avant, doucement. Soufflez par la bouche, à votre rythme. Prenez le temps de vous acclimater à cette respiration, elle doit être naturelle. Vous sentez l'apaisement gagner votre corps ?

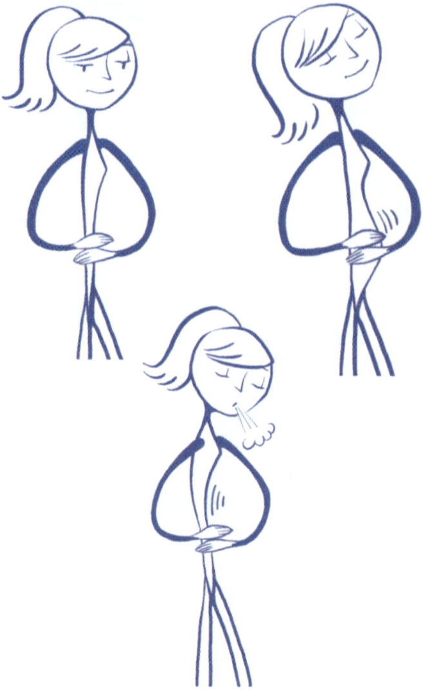

2 Placez les mains sur les côtes. Inspirez et expirez doucement… Vous devez les sentir s'écarter et le souffle se loger naturellement dans votre poitrine. En respirant un peu, on régule ses émotions !

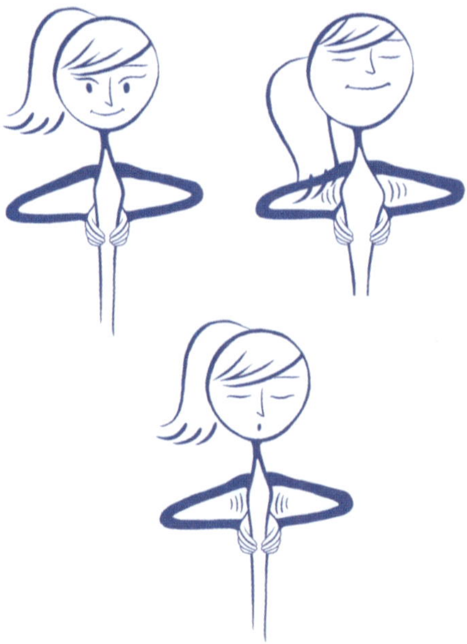

3 Maintenant, inspirez par le nez en soulevant doucement les épaules. Soufflez lentement par la bouche en les relâchant sans brusquerie ! Penchez la tête sur le côté, puis vers l'avant, afin d'étirer la colonne vertébrale. Avec douceur et sans à-coups… Bienvenue sur la voie de la sérénité.

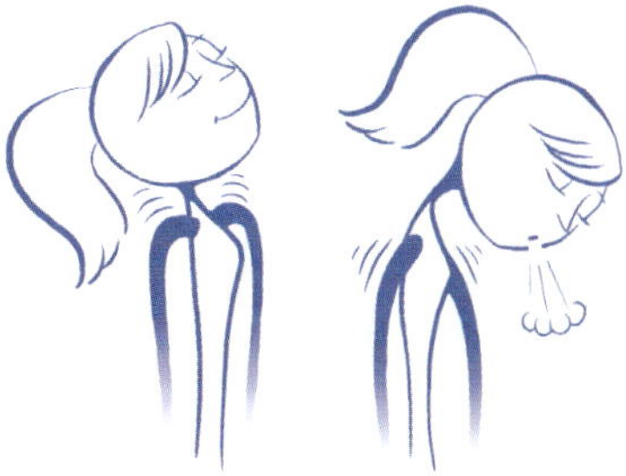

4 Laissez les bras le long du corps. Inspirez doucement par le ventre, puis intensifiez votre souffle au niveau des poumons. Remontez lentement les épaules et soufflez tranquillement. Pour les plus avertis, contractez l'abdomen quand vous soufflez, mais sans brutalité ! Si vous ressentez une légère apnée respiratoire en fin d'inspiration ou d'expiration, ne fléchissez pas et laissez-vous porter par votre corps… Tout est question de modération.

5 Il est temps de gigoter un peu ! Debout, les jambes légèrement écartées, inspirez par le ventre en montant les bras au-dessus de la tête. Joignez les paumes, bras tendus vers le ciel. Expirez en abaissant les bras, paumes toujours accolées. Puis, frôlez-vous le visage avec la surface des paumes. Posez-les ensuite sur la poitrine, puis l'une sur l'autre au-dessous de l'abdomen. Quelques instants, profitez de ce moment de détente… Et pour atteindre l'apaisement parfait, répétez cet enchaînement trois fois. Voici une technique pratique puisqu'elle vous oblige naturellement à respirer selon les trois procédés que vous venez d'apprendre.

6 Posez les paumes sur la poitrine, puis inspirez doucement et ouvrez les bras en les dirigeant vers l'arrière. Tout en pliant les jambes et en penchant le buste vers l'avant, soufflez en ramenant les mains sur le ventre. Parvenu à bout de souffle, donnez quelques à-coups en contractant les abdominaux. Répétez également cet enchaînement trois fois ! Pour être parfaitement détendu, n'hésitez pas à secouer mains et jambes après chaque séance.

La détente… en douceur

Pas le moral, un peu las, voire complètement abattu… Il est temps de vous ressaisir. Ces mouvements pleins d'énergie et terriblement agréables pourront vous procurer l'enthousiasme et la vitalité qui vous font cruellement défaut.

1 Frottez-vous les paumes l'une contre l'autre pour les chauffer jusqu'à ressentir de petits picotements. Puis, sans entrer en contact avec la peau, placez-les de chaque côté du nez. Lissez-vous le visage et effectuez des allers-retours du nez aux oreilles. Vous sentez la chaleur ? Frottez-vous de nouveau les mains et faites le même mouvement sur le front.

2 Frottez-vous encore les mains et posez les paumes sur les yeux, sans appuyer. Demeurez un peu dans cette bulle de détente… puis effectuez le même geste sur les oreilles.

3 Coiffez-vous en arrière sans toucher les cheveux. Puis de la même façon, paumes toujours ouvertes, allez successivement du menton à la gorge.

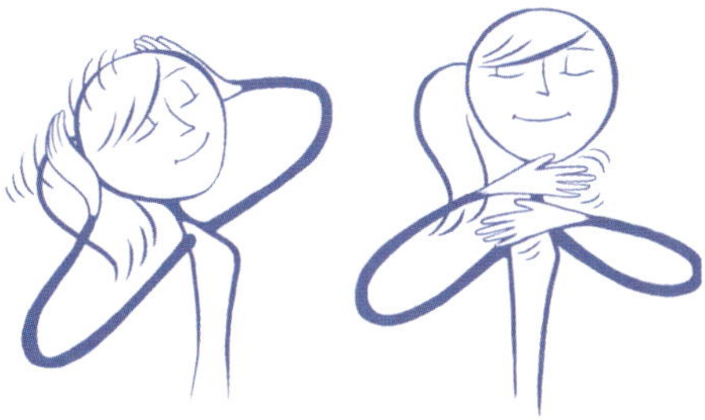

4 Terminez en vous chauffant les paumes, afin d'en apposer une sur le centre de la poitrine et l'autre sur le plexus solaire.

La détente… en profondeur

Si vous êtes un adepte des écrans, vos yeux fatigués ne sont encore qu'une petite gêne comparés aux doigts qui se raidissent sur le clavier et aux atroces crispations du bras que vous inflige l'utilisation intensive de la souris. Un massage des mains devient vite indispensable.

1 Croisez les doigts et frottez-vous les paumes. Prenez le temps pour vous décrisper ainsi les doigts.

2 Une paume ouverte vers le ciel, effectuez avec le pouce de l'autre main, un massage en spirale en partant du centre de la paume vers l'extérieur. Changez de main. Insistez sur les coussinets situés avant le pouce et le petit doigt. Puis longez chaque doigt jusqu'à l'ongle en donnant une légère pression à leur extrémité.

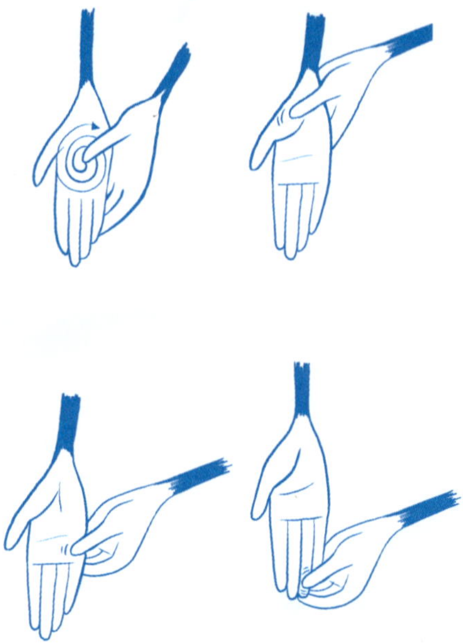

3 Passez au poignet. Prenez le dos du poignet dans la paume. Avec le pouce, massez-en délicatement le tour en insistant sur le point situé à la jonction du poignet et du départ de la main. Faites-le ensuite pivoter entre le pouce et le majeur, afin de l'encercler et de masser tout son contour. Sans vous brûler la peau pour autant, effectuez le mouvement sur les deux poignets !

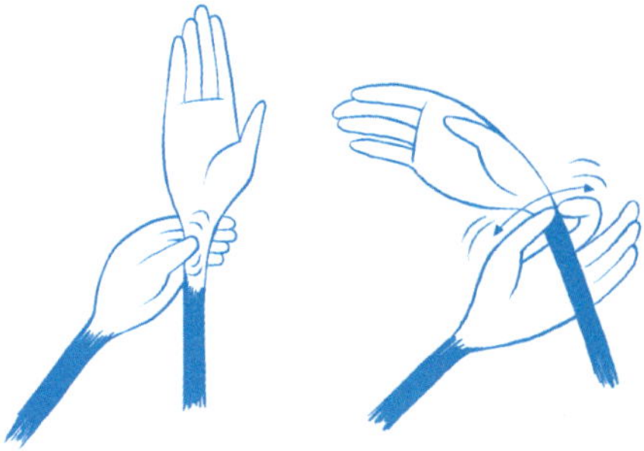

4 Tournez une paume vers le ciel, saisissez-en les doigts avec l'autre main, en plaçant le pouce en dessous et les autres doigts au-dessus. Étirez plusieurs fois et délicatement les doigts en allant vers le bas, le bras doit rester tendu. Effectuez le geste plusieurs fois, puis changez de main.

5 Attention, plus complexe ! Allongez l'avant-bras sur le bureau. Logez un pouce dans sa partie charnue. Les extrémités des quatre autres doigts viennent se placer juste avant le cubitus. Progressez ainsi : partez du coude jusqu'au poignet en effectuant une pression, puis un relâchement, une pression, un relâchement… Après avoir pianoté sur votre bras et alterné les gestes comme vous le souhaitiez, placez à nouveau quatre doigts juste avant le radius. Vous allez sentir un creux naturel où vous poserez les doigts. Parcourez le bras en partant du coude jusqu'au poignet.

Apaisons les esprits…

En plein examen ou juste avant un entretien capital, un papillon passe, et vous plongez dans une profonde rêverie… Pour décompresser, un peu de distraction ne fait pas de mal, mais elle peut vite devenir l'ennemie intime de la concentration. Si vous voulez être prêt le jour J, et même l'instant I, vous avez besoin d'un entraînement régulier.

1 Assis au bord d'une chaise, le dos droit sans être tendu, bouchez-vous la narine gauche avec l'index de la main droite. Inspirez tranquillement par la narine droite. Lorsque vous avez suffisamment inspiré, libérez la narine gauche tout en bouchant la droite avec le pouce. Soufflez calmement. Maintenant reprenez l'inspiration de cette manière : la narine droite est toujours bouchée par le pouce, inspirez par la narine gauche, puis bouchez-la avec l' index, libérez la narine droite et soufflez ! Effectuez ce cycle trois fois en essayant peu à peu de retenir l'air dans vos poumons (une légère apnée) à la fin de chaque inspiration, ou au contraire de laisser le vide vous remplir la cage thoracique (une légère rétention) à la fin de chaque expiration. Apprenez à respirer ainsi, de plus en plus lentement.

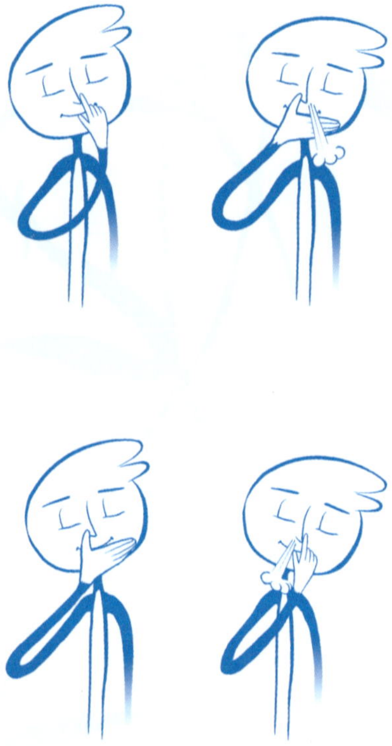

2 Massez-vous doucement les tempes, dans le sens des aiguilles d'une montre, et éclaircissez ainsi vos pensées…

3 Massez le point situé entre la lèvre supérieure et le nez. Puis celui qui se trouve entre la lèvre inférieure et le menton.

4 Frottez du côté de l'index la ligne située sous le nez, en effectuant une navette. Faites de même avec l'autre index, sous la lèvre inférieure.

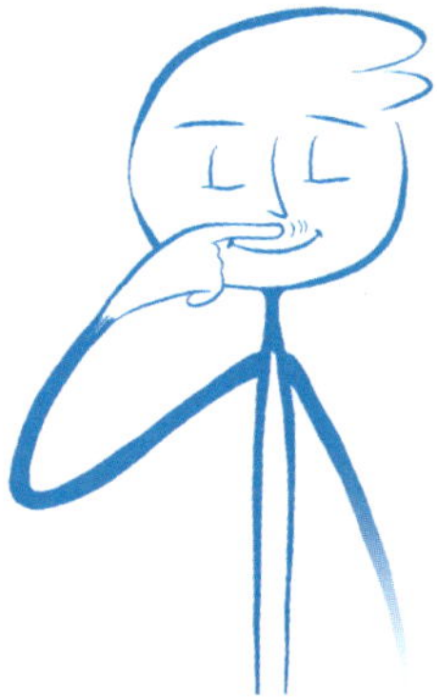

5 Il est temps maintenant d'activer votre mémoire ! Avec l'index et le majeur, massez-vous le centre du front, en vous concentrant sur un point.

6 Juste au-dessus se trouve un autre point où vous pourrez vous masser les cheveux à la racine.

7 Avec l'extrémité des doigts, effectuez maintenant un massage vigoureux sur l'ensemble du crâne. Imaginez-le séparé par une ligne partant du milieu du front et s'achevant en bas de la nuque.
Posez cinq doigts à droite de la ligne et cinq autres à gauche. Appuyez et relâchez les doigts sur chaque côté de la tête. Pour terminer en beauté : tirez par petites touffes sur votre chevelure.

8 À présent, fermez les yeux… Imaginez au milieu de votre front une balle de couleur blanche (sauf si une autre couleur s'impose…). Inspirez en vous représentant la balle monter vers le sommet du front. Expirez, elle redescend entre les deux sourcils… Inspirez, elle remonte, expirez, elle redescend… Autant de fois que vous le désirez, mais sans forcer la visualisation ou en ne vous fiant qu'à la sensation de va-et-vient. Vos pensées sont apaisées, votre mémoire disponible. La concentration n'est plus une chimère inaccessible !

Délions, dénouons et « déligotons »... le bas du corps

Les pieds crispés et les jambes qui trépignent sous le bureau... le stress a aussi des manifestations physiques. Toutes les tensions emmagasinées viennent en effet se loger au niveau des muscles et des articulations. De simples mouvements et un peu de dynamisme suffiront à vous faire retrouver le confort et surtout, à calmer vos nerfs.

1 Debout, les bras le long du corps, vous allez procéder à un massage des orteils... Le talon décollé du sol et les orteils en appui, remuez plusieurs fois le talon vers la droite puis vers la gauche. Les doigts se plient naturellement en suivant la cadence. Passez à l'autre pied.

2 Levez un pied et faites-le tourner en l'orientant avec vos orteils dans le sens des aiguilles d'une montre, puis dans le sens inverse. Seule votre cheville doit se mouvoir, sans brusquerie. Sentez-la s'assouplir, et changez de pied.

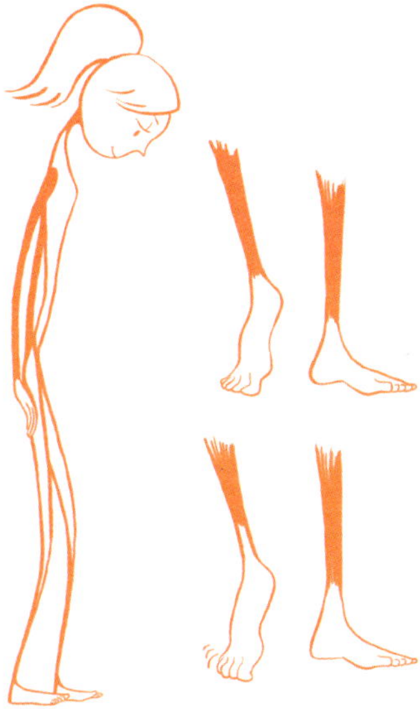

3 Levez le genou droit, la plante du pied face au sol. Effectuez une rotation, le pied et le bas de la jambe à l'unisson. Le genou et la cuisse ne doivent pas bouger. Vous devez sentir le genou doucement se délier. Passez à l'autre.

4 Le genou plié, plante du pied face au sol, écartez la jambe vers la droite. Effectuez plusieurs allers-retours, et changez de genou.

5 Les mains sur les hanches, faites doucement pivoter le bassin vers l'avant, puis vers l'arrière, ainsi que vers la droite et vers la gauche. Sans précipitation, déliez ainsi le bassin.

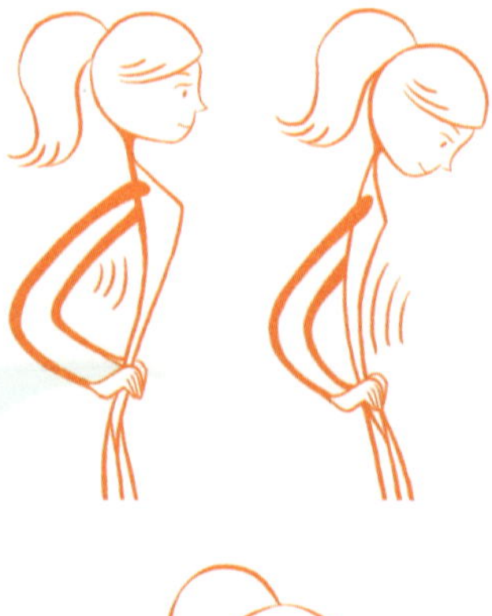

6 Les mains toujours posées sur les hanches, effectuez trois cercles dans le sens des aiguilles d'une montre, puis dans l'autre.

Adoucissons et assouplissons… le haut du corps

Flexible mais pas infaillible, le haut du corps se fatigue rapidement quand on est assis. Se trémousser imperceptiblement sur sa chaise pour compenser les premières fatigues musculaires n'empêche pas le corps de signifier sa gêne par de lancinantes crispations… On gigote, on change de position, et ça devient vite épuisant. Or, pour être vraiment appliqué à son travail, il vaut mieux savoir conserver son énergie. Pensez à ce pauvre cerveau qui doit gérer concentration, stress, fatigue et douleurs.

1 Plaquez les bras contre le buste tout en pliant les coudes. Laissez tomber les mains et pianotez dans l'air, doucement puis rapidement. Secouez-les enfin comme si vous vouliez les sécher.

2 Les coudes pliés et bien plaqués contre le buste, effectuez des cercles de la main droite, puis de la main gauche, pour délier les poignets. Ne laissez pas votre avant-bras partir en tous sens !

3 Relevez l'épaule droite en y apposant la main gauche. Faites pivoter l'épaule vers l'arrière, abaissez-la puis haussez-la de nouveau vers l'avant. Effectuez ainsi sur chaque épaule plusieurs cercles dans ce sens et dans l'autre. Pour finir, relâchez les mains le long du corps et faites pivoter les épaules dans un sens, puis dans l'autre.

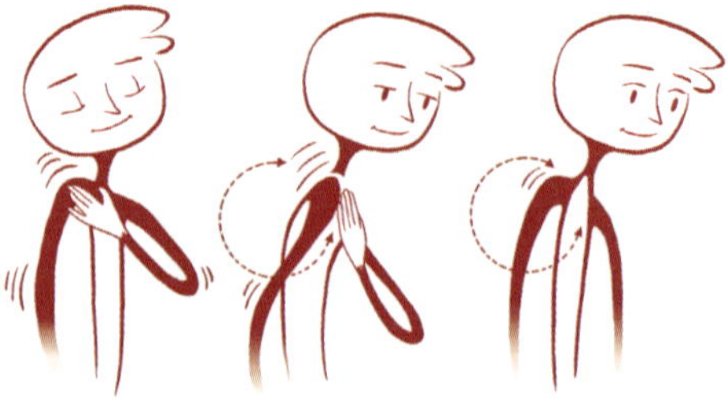

4 Tête droite, mais non tendue, avancez plusieurs fois le menton. Attention, un peu de douceur ! Évitez les à-coups brusques de la nuque… Puis sans bouger le buste, faites aller doucement la tête en arrière à plusieurs reprises, mais sans trop la pencher.

5 Penchez la tête vers l'épaule droite puis vers la gauche. Effectuez le mouvement plusieurs fois.

6 Effectuez un cercle complet de la tête, dans un sens, puis dans l'autre. Recommencez… Si vous êtes suffisamment délicat, vous devriez sentir le cou et la nuque se détendre.

7 Chauffez vos mains l'une contre l'autre et massez le contour du cou et de la nuque.

Et enfin, respirons !

Vous soufflez, soupirez, pestez… Respirez ! Vous en aurez besoin, sans quoi vous ne parviendrez jamais à être efficace et dynamique. Rien de mieux en effet pour faire le plein d'énergie qu'une respiration maîtrisée. Lors de ces séances, vous prendrez alors l'habitude d'avoir une expiration plus courte que l'inspiration. Commencez par compter dans votre tête… puis, peu à peu, cela vous semblera naturel. Mais avant de vous lancer, choisissez l'exercice qui vous convient le mieux !

1 Vous êtes assis. Croisez les doigts en joignant les paumes. Inspirez par le nez et comptez jusqu'à cinq, puis soufflez en comptant jusqu'à trois. Pour les plus téméraires, comptez jusqu'à six et quatre… Et pour corser davantage l'exercice, tout en inspirant, joignez les mains et tendez les bras derrière la tête, paumes tournées vers le plafond. Le dos prend appui sur le dossier de la chaise, tandis que les orteils marquent un appui au sol. Revenez dans votre position initiale en soufflant par le nez. Répétez le mouvement trois fois.

2 Appliquez-vous les mains sous le nombril. Toujours en comptant, inspirez et haussez les épaules. Marquez une pause puis expirez tout en sentant votre abdomen se contracter. Encore une petite pause… et recommencez deux fois.

3 Tenez-vous les lobes des oreilles avec les dix doigts. Étirez-les doucement. Effectuez en même temps la technique de respiration apprise. N'essayez pas d'être en rythme ! Pour finir, malaxez-vous le contour des oreilles.

4 Disposez les doigts de la main droite sur le bureau, poignet levé. Relevez et reposez les doigts l'un après l'autre, tout en associant la respiration que vous maîtrisez maintenant parfaitement !

5 Les mains au niveau du nombril, inspirez et comptez jusqu'à cinq en ouvrant les bras de manière à amener l'extrémité des doigts vers l'arrière du corps. Libérez votre souffle par bouffées successives et tout en comptant jusqu'à trois. Penchez bien le buste en avant. Conservez cette position et profitez-en pour reprendre une respiration normale. Effectuez ce mouvement trois fois.

Par la respiration

Une affaire urgente bouscule subitement vos plans mais vous vous sentez poussé par une indicible énergie ? C'est du bon stress. Vous êtes submergé par les difficultés et perdez tous vos moyens ? C'est du mauvais stress. Mais ces vents de panique sont maîtrisables. D'abord parce que vous avez correctement suivi les précédentes séances, ensuite parce que celle-ci va vous apprendre à réagir rapidement face à ce genre de situation. À vous de tester les exercices qui vous conviennent !

1 Les poings serrés l'un dans l'autre, posez-les sur le plexus solaire. En poussant doucement sur celui-ci à plusieurs reprises, inspirez par le nez. Expirez en pinçant les lèvres pour ralentir le souffle, tout en balançant les bras vers l'avant. Faites-le trois fois.

2 Répétez le même mouvement sur le centre de la poitrine.

3 Debout, les bras le long du corps, fléchissez légèrement les jambes. Inspirez par le nez en gonflant le ventre et haussez les épaules tout en serrant les poings. Soufflez en desserrant les poings et en vous penchant en avant : vous rentrez le ventre et pliez les genoux. Recommencez trois fois.

4 Inspirez tout en levant le bras droit devant vous, poings fermés. Demeurez quelques instants en apnée et effectuez un moulinet avec votre épaule (comme les roues d'une locomotive) vers l'avant. Pour finir, soufflez par la bouche en tendant de nouveau le bras vers l'avant et soufflez en ouvrant le poing. Effectuez le mouvement trois fois sur chaque bras.

5 Jambes pliées et légèrement écartées, tendez les bras devant vous en fermant les mains. Inspirez en ramenant lentement les poings sur les hanches. Accentuez votre souffle au niveau de la cage thoracique, bloquez la respiration un instant puis, les lèvres pincées, soufflez doucement. En effectuant ce mouvement, ouvrez les mains, paumes vers l'avant (comme pour pousser un mur), et tendez les bras complètement. Répétez l'opération trois fois.

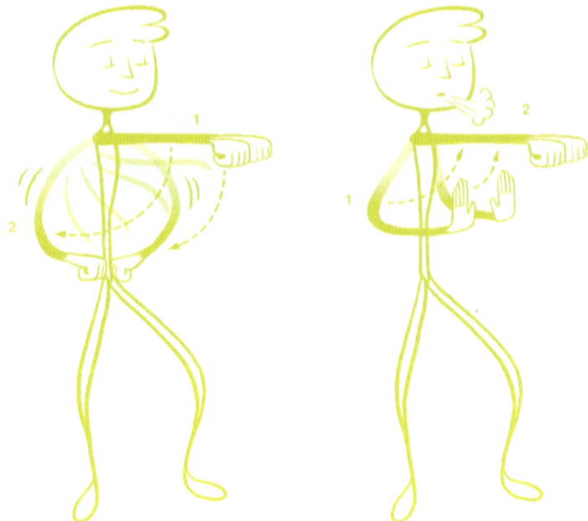

6 Inspirez profondément par le nez. Tout en soufflant tranquillement, serrez et desserrez les doigts, comme s'il s'agissait de griffes, et prononcez le son « tseu ».

Par le massage

Pour évacuer rapidement le stress, rien de mieux qu'un peu de douceur envers soi-même. Le corps recèle de petites cavités dont vous ne soupçonnez pas l'existence. Or les masser se révèle très apaisant. Avant de débuter, quelques consignes de massage : vous pouvez masser en effectuant un cercle sur un point donné ou accomplir de petites pressions avant de procéder au massage. Mais quels sont ces « points » ?

1 Un point important se situe juste au-dessus des abdominaux, sur une ligne à 7 cm du nombril. Massez ce petit creux avec l'index, tout en soufflant doucement.

2 Vous trouverez deux autres points de massage le long d'une ligne située sur le ventre, en direction du nombril.

3 Imaginez une ligne droite en direction du menton. Au centre de la poitrine se trouvent trois autres cavités naturelles. Sans chercher à les situer avec exactitude, tapotez cette ligne en inspirant et en soufflant.

4 Imaginez une ligne séparant votre tête en deux. Massez délicatement les points que vous rencontrez.

5 Penchez la tête en avant et positionnez l'index et le majeur de chaque côté de la nuque. Là, massez les deux creux qui se trouvent juste sous le crâne.

6 Tenez-vous les lobes entre le pouce, l'index et le majeur. Inspirez en effectuant de petites pressions et soufflez en les étirant doucement.

7 Massez-vous le front avec tous les doigts en partant du centre vers l'extérieur et en faisant bouger la peau. Prenez le temps et respirez doucement.

Par l'image

Mettre une image sur une émotion aide à évacuer le stress. Il s'agit d'échapper, ne fût-ce qu'un instant, au monde alentour en se retrouvant comme dans une bulle dans laquelle il est possible de décharger toutes ses inquiétudes. Vous rêvez de ce havre en plein cœur de la pagaille ? Fermez les yeux.

1 Debout, vous inspirez tranquillement en écartant les bras sur les côtés. Penchez-vous en avant en fléchissant légèrement les jambes et en soufflant. Afin de bien évacuer l'air des poumons, posez les mains sur les genoux et creusez le ventre.

2 Conservez cette position. Inspirez en gonflant le ventre puis creusez-le en soufflant, afin d'arrondir le dos. Répétez le mouvement trois fois, et enfin, secouez-vous comme si vous étiez parcouru de frissons !

3 Asseyez-vous au bord du siège, posez les mains sur les genoux et penchez-vous un peu en avant. Fermez les yeux. Représentez-vous un écran bordé de noir et laissez venir à vous, sous forme d'images, une émotion, une colère, une tristesse ou une simple fatigue qui vous stressent. Il ne s'agit pas de repousser cette énergie mais de la transformer !

4 Inspirez par le nez en gonflant doucement le ventre et imaginez cette pensée un peu grisâtre en train de remonter du ventre au nez. Tout en soufflant par la bouche et en contractant légèrement les abdominaux (comme si vous souffliez dans une paille), cette même pensée devient blanche. Sentez le caractère positif de cet acte. La force de la pensée négative diminue peu à peu, vous vous allégez.

5 Frottez-vous les mains pour les réchauffer. Massez-vous le ventre avec les paumes, dans le sens des aiguilles d'une montre et en vous déplaçant vers le nombril, vers le foie, etc. Puis, frottez-vous le ventre du haut vers le bas, comme si vous vouliez épousseter votre vêtement. Vous évacuez ainsi les mauvaises énergies ! Enfin, passez-vous les paumes sur l'intérieur des cuisses et des mollets, sur les contours des pieds, des talons, l'extérieur des mollets, et finalement l'extérieur des cuisses.

6 Laissez-vous de nouveau envahir par cette pensée négative. Elle apparaîtra déjà moins difficile à vivre. Répétez l'exercice en imaginant un écran bordé de noir au moment de l'inspiration et un écran bordé de blanc au moment de l'expiration. L'image s'éclaircit, la pensée s'allège. De nouveau massez-vous le ventre. Plus vous répéterez l'exercice, plus vous évacuerez ce qui est négatif et sentirez se réveiller en vous une nouvelle énergie.

Être positif, c'est être constructif

Confiance et maîtrise de soi

La mémoire est précieuse. Les connaissances y sont souverainement conservées. Mais pourtant, au moment où vous en avez le plus besoin, un détail vous échappe, un savoir vous brûle les lèvres… S'impatienter ne mènera à rien. Il faut savoir maîtriser l'accès à sa pensée. Pour puiser très simplement dans sa mémoire, il s'agit avant tout de trouver un comportement déclencheur qui servira de médiateur. Pour cela, vous allez apprendre à codifier votre attitude. Vous déciderez de vous référer à une position, un type de pensée, un type de geste (comme serrer les mains). En mettant en place ce scénario et en le répétant, vous actualiserez les informations dont vous avez besoin, en quelques instants.

1 Au préalable, il faut retrouver un peu de dynamisme. Debout, penchez le buste en avant, en pliant légèrement les jambes, et serrez les poings. Pliez pouces et index, et tapotez doucement le dos juste au-dessous des reins, par à-coups réguliers, pendant une à deux minutes. Si vous avez de l'huile essentielle d'épinette noire, déposez-en une goutte dans le creux du pouce et de l'index.

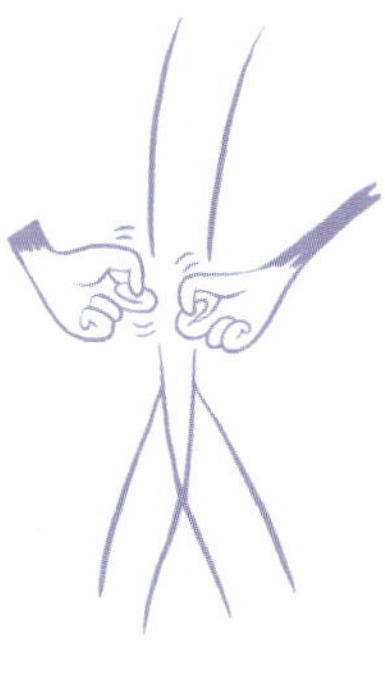

2 Posez le coude droit dans la main gauche. Fermez le poing de la main droite et tapez-vous doucement l'épaule gauche, le cou et la nuque. Effectuez le geste symétrique avec le poing gauche.

3 Posez les paumes sur la poitrine. Inspirez en gonflant le ventre. Soufflez par à-coups en poussant doucement les paumes vers le mur. Imaginez qu'une force impose une résistance à l'avancée d'une main et vous empêche de l'ouvrir parfaitement. En même temps, rentrez le ventre. Vous sentez une chaleur s'y loger. Placez alors les paumes en dessous de l'abdomen. Répétez le geste trois fois.

4 Asseyez-vous au bord d'une chaise. Penchez-vous en avant, les coudes posés sur les cuisses et les bras ballants entre les jambes. Respirez calmement par le nez et fermez les yeux.

5 Pensez à un moment particulièrement agréable de votre vie, où vous vous sentiez à l'aise et confiant. Imprégnez-vous de la chaleur de cet instant, de ses émotions, de sa force.

6 Quand vous vous sentez suffisamment empli de cette intensité positive et détendu, serrez les mains. En conservant la même satisfaction, remplacez l'image de ce souvenir par celle vous représentant devant une table de travail. Imprégnez-vous de ce même bien-être, de cette même disponibilité.

7 Imaginez-vous en train de répondre aux questions posées, à l'écrit ou à l'oral. Regardez-vous effectuer cela, vous êtes détendu, positif, constructif... toujours accompagné de cette sensation de bien-être. Vous avez facilement accès à votre mémoire et savez parfaitement utiliser vos connaissances.

8 Ouvrez doucement les yeux en les écarquillant plusieurs fois. Desserrez les mains et secouez-les. Dénouez-vous le cou et respirez profondément plusieurs fois en étirant les bras, comme un chat qui s'éveille.

9 Pour finir, retrouvez votre posture initiale et serrez les mains. Vous devez ressentir la même sensation de bien-être. L'activation fonctionne !

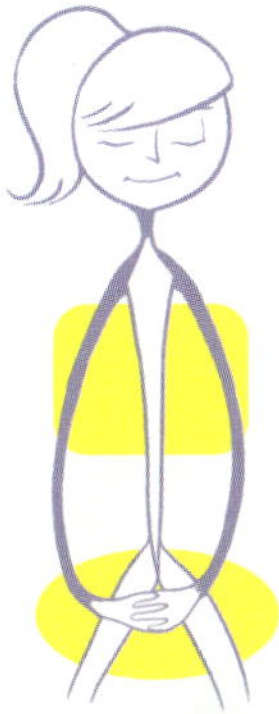

Gommer la peur de l'échec

Subitement, un abîme s'ouvre sous vos pieds… c'est l'abominable peur de l'échec. Cette crainte paralyse la réflexion et est génératrice de stress. Il s'agit avant tout de vous détendre physiquement et mentalement. Vous allez pour cela devoir utiliser vos yeux. En les bougeant, vous fixerez votre réflexion. Attention, les yeux bougent, mais la tête reste fixe !

1 Dessinez du regard un huit horizontal en suivant l'illustration. Évitez d'être trop brusque ! Puis changez de sens.

2 Tournez les yeux dans le sens des aiguilles d'une montre, puis dans l'autre.

3 Fermez les yeux. Imaginez un écran bordé de noir. Représentez-vous votre peur de l'échec. Soufflez péniblement, de lassitude pour rendre cette image extérieure à vous. Regardez-vous simplement, sans vous imprégner de cet état.

4 Revêtez l'écran fictif d'un contour blanc. Projetez-y l'image de vous-même tel que vous désirez être, c'est-à-dire confiant, détendu, disponible.

5 Développez cette image en la vivifiant. Ajoutez-y des sensations de bien-être, de joie, d'amour parées d'une lumière vive et chaude.

6 Insérez la phrase positive qui vous semble la plus appropriée. Ne soyez pas avare en pensées positives… Les émotions suscitées ancreront cette image de bien-être dans votre cerveau ! Il vous suffira, quand la panique ou la peur de l'oubli vous envahiront de nouveau, de fermer les yeux afin d'activer ce processus et d'en bénéficier.

Un esprit positif

Le cerveau régule, classe, libère les informations, les influx nerveux et les hormones. Pour faire naître la confiance et la créativité, il vous faut utiliser ce fabuleux potentiel. Comment ? En construisant des images mentales positives. Le cerveau en redistribuera les richesses générées à l'ensemble du corps !

1 Assis ou allongé, inspirez par le nez calmement en serrant le poing droit, puis expirez par le nez en le relâchant. Faites de même avec l'avant-bras, puis le bras entier. Changez de côté, toujours dans le même ordre : poing, avant-bras, bras. Puis effectuez les mêmes contractions sur les deux bras ensemble.

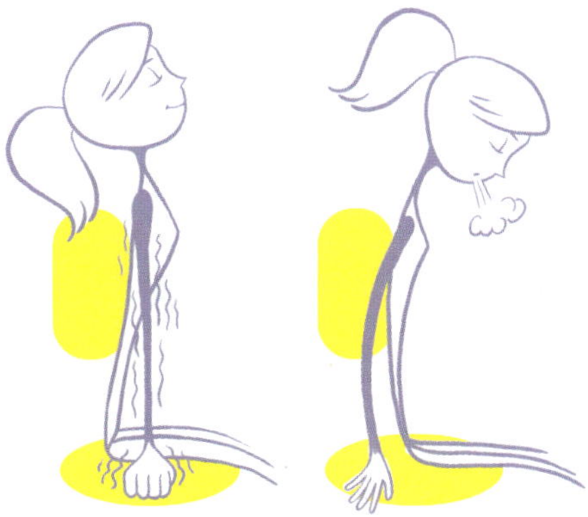

2 Une jambe après l'autre, puis les deux jambes ensemble : pliez les orteils puis relâchez. Faites la même chose pour le mollet et la jambe complète. Enfin, contractez tout votre corps et relâchez.

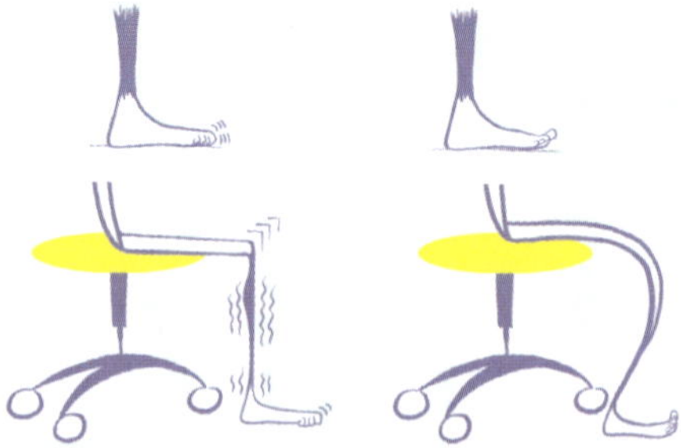

3 Posez maintenant le regard sur un point situé à un mètre devant vous, à hauteur des yeux. Dessinez plusieurs fois un **X** majuscule du regard. Fermez les yeux, la lettre se dessine sous vos paupières. Répétez l'opération. Cet exercice aide à la concentration.

4 Concentrez-vous sur un point fictif situé au centre du front. Fermez les yeux. Imaginez du jaune vous envahir doucement : un soleil jaune, un tournesol, un champ de colza, ou simplement la couleur. Laissez-vous transporter par la sensation qu'elle suscite.

5 Fixez-vous maintenant sur la couleur verte : les feuilles, le gazon, les arbres, ou simplement la couleur. Elle vous apaise…

6 Les yeux toujours fermés, calme et serein, imaginez un écran ou une toile blanche. Représentez-y ce qu'est pour vous le symbole de la réussite (vous-même brandissant une coupe aux jeux Olympiques ou le diplôme du bac…). Sans vous crisper, visualisez la scène. Vous pouvez tout aussi bien éveiller en vous une sensation de grande satisfaction ou de joie.

7 Écrivez maintenant sur cette même toile : « Je suis dans une dynamique positive. » Imprégnez-vous de cette phrase et sentez-la résonner en vous. Une fois concentré et détendu, laissez cette visualisation se dissoudre. Vous pouvez vous mettre au travail ! N'oubliez pas : vous pouvez adapter le travail de sensation et d'écriture de cette séance à n'importe quel moment.

Première clef : l'équilibre intérieur

La première clef de réussite réside dans la détente musculaire et nerveuse. Cette séance de relaxation est un classique. Facile et efficace, elle permet un bien-être immédiat et vous oblige à prendre conscience de chaque partie de votre corps, d'en sentir les tensions et d'y réagir promptement. À pratiquer régulièrement !

1 Allongez-vous sur le sol ou sur un lit, l'important est d'être à l'aise. Vous devez avoir l'intention de prendre soin de vous. Ce sentiment est primordial, car c'est le corps qui vous permet d'être à l'écoute de votre activité. Calez un coussin sous la nuque ou les genoux. Commencez par sentir tous vos appuis au sol. Fermez les yeux. Tout en inspirant par le nez, concentrez-vous sur le dos. Sentez son contact avec le sol. Modifiez votre position, si nécessaire. Soufflez par le nez, puis inspirez en essayant de ressentir le contact de vos épaules avec le sol. Soufflez. Faites de même avec la tête, chaque bras, le fessier, chaque jambe, chaque talon. Formulez mentalement : « Je suis calme, mes pensées glissent, je ne les retiens pas, je suis bien, tranquille. » Répétez cette phrase trois fois.

2 Inspirez en fixant votre attention sur le bras droit. Soufflez en pensant : « Mon bras droit est lourd. » Répétez la phrase trois fois par intervalles réguliers et ressentez le poids du bras s'enfonçant dans le sol. Faites de même sur le bras gauche. Puis inspirez et soufflez en vous concentrant sur les bras. Pensez : « Mes bras sont lourds. » Et enfin, répétez la phrase : « Je suis calme, mes pensées glissent... »

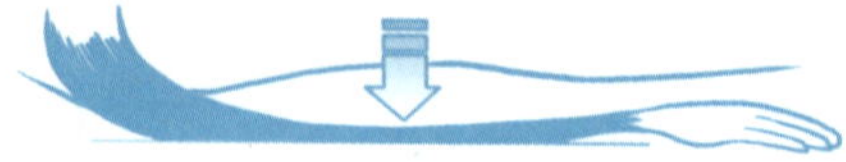

3 Concentrez-vous sur la jambe droite. Inspirez et soufflez par le nez en formulant : « Ma jambe droite est lourde. » Répétez les mots trois fois en aménageant un laps de temps entre chaque phrase. Ressentez la pesanteur. Faites de même avec la jambe gauche, puis inspirez et soufflez en fixant votre attention sur les deux jambes, et en répétant : « Mes deux jambes sont lourdes. » Sentez le poids des jambes s'enfonçant dans le sol. Reformulez mentalement : « Je suis calme, mes pensées glissent... »

4 Tout en inspirant et en soufflant par le nez, prenez de nouveau le temps de sentir le contact du dos, puis de chaque épaule, avec le sol. Soufflez et faites de même avec la tête, chaque bras, le fessier, chaque jambe, chaque talon. Pensez : « Je suis calme, tranquille, parfaitement relaxé... », et demeurez ainsi quelques instants pour profiter de cet état de profonde relaxation.

5 Doucement, ouvrez les yeux, bougez une main, un pied... Levez-vous tranquillement en vous tournant sur le côté avant de vous mettre debout. Inspirez profondément par le nez tout en étirant les bras vers le haut, les côtés, en arrière. Bâillez, secouez légèrement votre corps et effectuez quelques rapides sauts sur la pointe des pieds. Votre métabolisme est ainsi bien équilibré. Il est essentiel de toujours terminer cette séance par une remise en forme dynamique ! Par ailleurs, vous pouvez varier les formulations des exercices, en substituant au terme « lourd » celui de « chaud ».

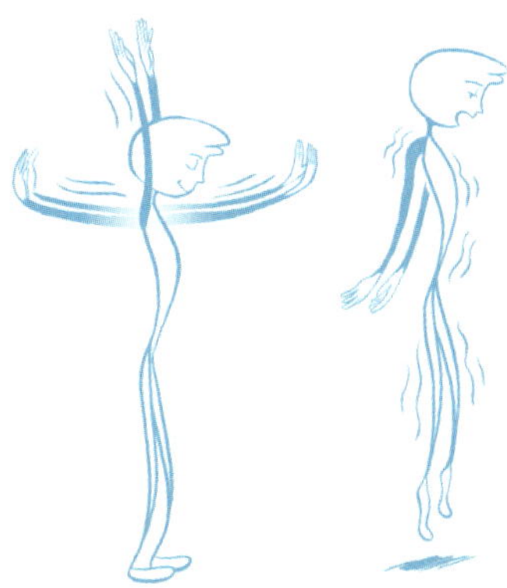

Deuxième clef : une attitude zen

Vous vous préparez à de longues heures de labeur devant votre table de travail... Voici une séance qui va vous permettre d'anticiper les souffrances corporelles. Elle insiste sur la posture. En effet, lorsque vous travaillez, votre regard doit se fixer légèrement au-dessus du centre de l'écran. Quant aux poignets, ils ne doivent pas être « cassés », c'est-à-dire accolés à la table et les doigts arqués sur le clavier. Suivez l'exemple du pianiste : il règle son siège afin que l'extrémité de ses doigts uniquement entre en contact avec les touches, tandis que ses paumes sont relevées.

1 « En avoir plein le dos » ne se dit pas qu'au sens figuré... Si vous en êtes également convaincu, suivez l'exemple. Asseyez-vous sur un tabouret, le dos droit contre le mur. Posez les paumes contre celui-ci. Imaginez un fil partant du sommet du crâne vers le plafond. Inspirez en hissant la tête vers le haut afin d'étirer la colonne vertébrale. Soufflez pour la détendre. Faites-le sept fois, doucement.

2 Éloignez-vous du mur. Massez-vous le haut de l'épaule droite avec les doigts de la main gauche, puis changez d'épaule. Tapotez la nuque avec les dix doigts. Partez des cervicales pour effectuer des allers-retours du crâne vers la nuque.

3 Placez une paume derrière le crâne et l'autre sur les cervicales. Poussez la tête vers l'arrière quelques instants, en résistant contre la main posée sur le crâne. Répétez ces gestes plusieurs fois, doucement.

4 Les mains positionnées de la même manière, laissez la tête partir légèrement en avant, afin d'étirer la nuque. Essayez de relever la tête tout en résistant avec les mains, quelques secondes et sans brusquerie. Effectuez ce geste plusieurs fois, puis relâchez vos mouvements en respirant calmement.

5 Posez les doigts sur la tête de manière à loger les pouces dans les cavités situées en haut de la nuque. Massez ces deux points par mouvements circulaires.

6 Logez le côté gauche de la tête dans la main droite et penchez la tête vers l'épaule droite, doucement et sans vous faire mal. Faites de même de l'autre côté.

7 Levez l'épaule droite et faites-la pivoter vers l'arrière. Lorsqu'elle s'abaisse, levez l'épaule gauche et faites-la pivoter vers l'arrière. Lorsque l'épaule gauche s'abaisse également, relevez l'épaule droite en la faisant pivoter vers l'avant. Effectuez ce mouvement au minimum trois fois. Puis recommencez en levant d'abord l'épaule gauche, etc.

8 Détendez-vous en vous penchant en avant, les avant-bras posés sur les cuisses et la tête baissée.

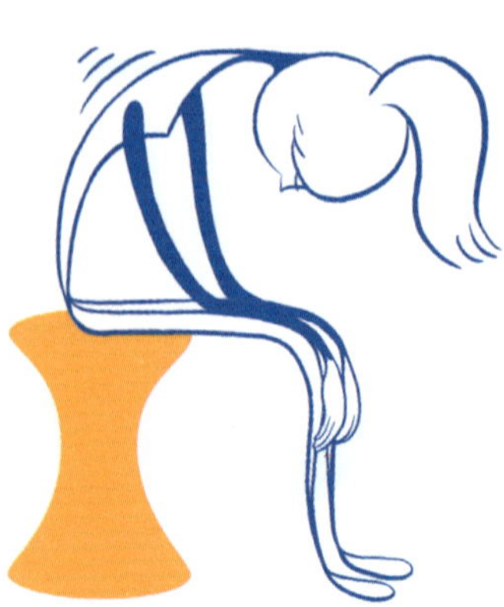

Troisième clef : dans les bras de Morphée

Il s'agit d'une clef particulièrement importante puisqu'elle concerne le sommeil récupérateur. Le sommeil est essentiel, il est la base du bien-être quotidien. Il permet la récupération cellulaire, la régulation nerveuse et musculaire, celle de l'ensemble du métabolisme, et procure du repos au cerveau en triant les informations qu'il faut conserver ou au contraire délaisser. Il fluidifie également les émotions, apaise l'esprit... En un mot, rester éveillé toute la nuit en pensant qu'il s'agit du privilège de la jeunesse est une grossière erreur ! Voici au contraire comment passer convenablement du travail au sommeil. Rassurez-vous, vous pourrez tout aussi bien l'appliquer pour de courtes siestes...

1 Allongez-vous sur un lit, sur le dos, et fermez les yeux. Inspirez doucement par le nez en étirant la tête et les pointes des pieds vers le bas. Répétez cet exercice plusieurs fois.

2 Pliez légèrement les genoux afin de joindre vos plantes de pieds. Laissez les genoux s'abaisser de chaque côté du corps. Inspirez et expirez tranquillement par le ventre.

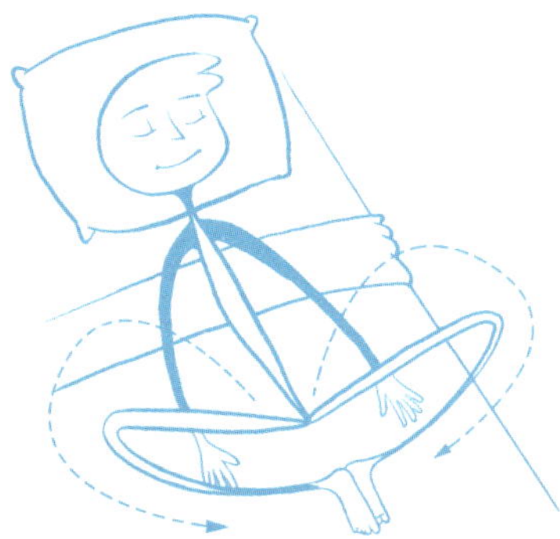

3 Conservez cette position et, tout en inspirant, étirez les bras en les tendant derrière. Soufflez en ramenant les bras le long du corps. Effectuez régulièrement ce mouvement en essayant d'augmenter le temps de l'inspiration et de l'expiration.

4 Joignez les genoux et levez-les en inspirant par le nez. Soufflez en posant les genoux sur le côté droit du lit, tandis que le profil de la tête se penche du côté opposé. Les hanches restent plaquées au lit. Inspirez en ramenant les genoux face à vous et soufflez en les posant sur le côté gauche du lit, mais en tournant alors votre profil à droite. Effectuez ce mouvement complet trois fois.

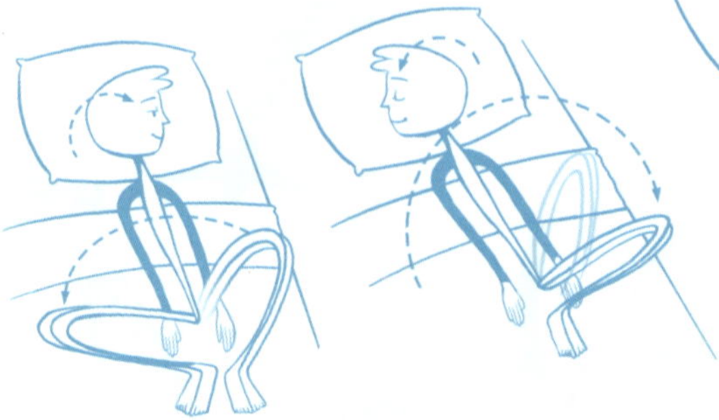

5 Allongez-vous de nouveau sur le dos et effectuez la technique de respiration précédemment apprise (la respiration au niveau du ventre, des poumons et de la gorge). Formulez un énoncé semblable à l'exemple suivant : « Je suis allongé et tranquille. La nuit arrive, et doucement je me détends. 10, 9 : mon corps est parfaitement détendu, ma respiration me relaxe profondément et j'aime cet instant. 8, 7 : les bruits autour de moi m'indiffèrent. Mes paupières sont lourdes et je n'entends que l'air qui sort et entre par mon nez. 6, 5 : je suis tranquillement allongé, je sais que la nuit va être agréable, que je vais récupérer. 4, 3 : je suis en sécurité, rien ne peut m'arriver, j'aime m'endormir. 2, 1 : je me laisse happer par le sommeil, et à zéro, toutes mes pensées s'évaporeront. 0 : je m'endors… » Entre chaque décompte, respirez doucement en allongeant volontairement l'expiration. Agrémentez ces phrases, séance après séance, de vos propres inductions (lieu géographique, sensations…).

Une pause

Que signifie « faire une pause » ? Une pause permet à l'organisme de se reposer, à la tension de s'apaiser et à l'influx nerveux de se réguler. Elle doit être effectuée toutes les 20 à 30 minutes environ pendant 5 à 7 minutes maximum. Elle est indispensable. Par conséquent, ne dérogez pas à la règle, car même si vous vous sentez dans une forme olympique lors d'un examen, vous devez être capable de prendre du recul (légèrement) sur votre activité, afin de vous ressourcer.

1 Tout en inspirant par le nez, tendez progressivement les mains, doigts croisés et paumes vers le plafond. Étirez ainsi la colonne vertébrale, en hissant de surcroît le sommet de la tête vers le haut. Soufflez par le nez en posant les paumes sur le crâne, les doigts toujours croisés. Faites-le sept fois.

2 Frottez-vous les mains pour les chauffer. Posez-en une au-dessous du nombril et l'autre sur la gorge. Puis frottez-les de nouveau afin d'en placer une sur le cœur et l'autre sur le plexus solaire.

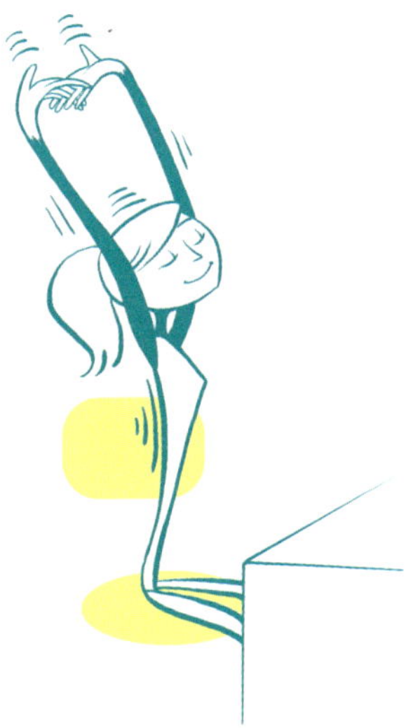

3 Tendez les bras de chaque côté du corps, à hauteur des épaules, et paumes ouvertes vers le mur. Inspirez en pliant les avant-bras et soufflez en les tendant. Imaginez alors que vous poussez des murs avec difficulté. Effectuez le mouvement au ralenti en contractant les abdominaux. Inspirez en ramenant les mains lentement vers les épaules. Répétez le mouvement trois fois.

4 Tournez trois fois doucement les yeux dans le sens des aiguilles d'une montre, puis trois fois dans le sens inverse. Ensuite fermez-les. Puis, chauffez-vous les mains et posez-les sur vos paupières closes, quelques instants.

5 Autorisez-vous une courte sieste sur le bureau… Inspirez par le nez et soufflez doucement par la bouche en abaissant le buste. Amenez le plus possible la tête entre les jambes. Demeurez quelques instants ainsi et videz l'air de vos poumons. Laissez les pensées s'évanouir…
Vous pouvez effectuer le même mouvement en posant la tête sur le bureau. Pour finir, redressez-vous, frottez-vous les paumes et frictionnez-vous énergiquement le buste.

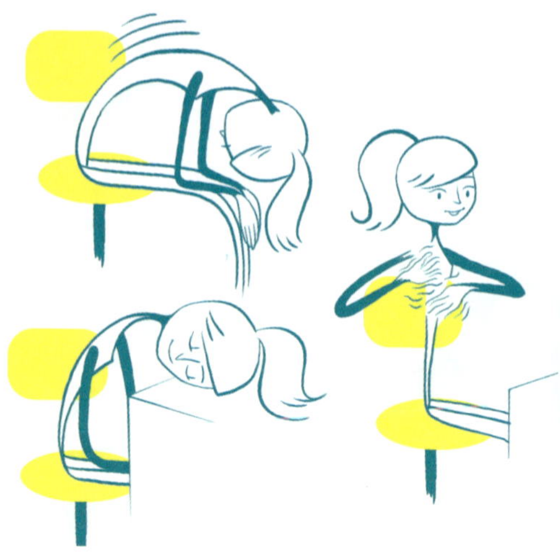

Un « break »

Contrairement à la pause, le « break » signifie qu'il faut cesser un moment l'activité. Évadez-vous un instant, tout en restant à votre place. La première étape consiste à décompresser, la seconde à « voyager » un peu et la dernière à reprendre sereinement vos activités ! En vérité, vous connaissez déjà cette sensation. N'avez-vous jamais somnolé de manière à vous retrouver à la limite de la conscience, percevant légèrement ce qui se passe autour de vous tout en étant ailleurs… Vous pouvez provoquer cet état et vous autoriser ainsi une courte et intense sieste ! Ainsi, après une heure d'activité, un « break » de 5 à 7 minutes s'impose.

1 Posez les coudes sur la table. Joignez les extrémités des doigts et effectuez une dizaine de petites pressions, rapidement, jusqu'à sentir une chaleur vous envahir les doigts. Écartez-les d'à peine un centimètre et rapprochez-les légèrement, sans qu'ils se touchent. Effectuez plusieurs allers-retours. Vous ressentirez peut-être de légers picotements.

2 Massez-vous le front et les tempes avec l'extrémité des doigts.

3 Posez les coudes sur la table, les mains à hauteur des yeux. Les extrémités des doigts se touchent. Fixez-les du regard en restant détendu, sans chercher à vous concentrer sur eux. Votre attention se porte sur la respiration. Inspirez et soufflez en laissant votre esprit divaguer.

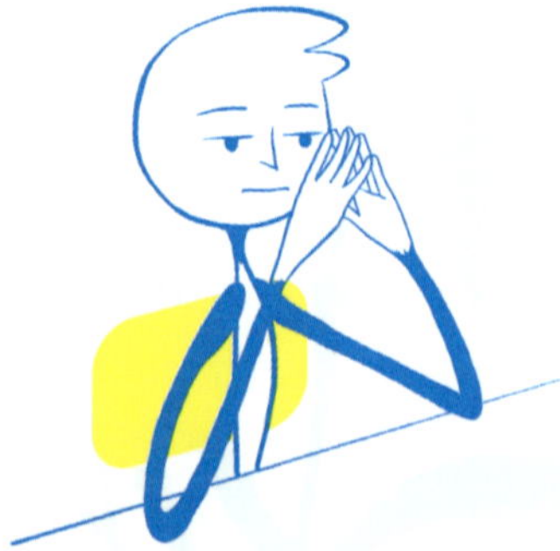

4 Pour vous aider à accéder à l'état d'hypnose, fermez les yeux quelques instants en soufflant et inspirez en les rouvrant. Faites durer l'expiration plus longtemps que l'inspiration. Répétez l'exercice plusieurs fois.

5 Continuez ainsi. Mais lorsque vous ouvrez les yeux, dirigez-les doucement vers le plafond. En fermant les paupières, les yeux reprennent leur place. Faites-le plusieurs fois.

6 Après un moment d'entraînement, demeurez les yeux ouverts et portez votre attention sur le souffle. Lorsque vous inspirez, emplissez-vous d'une lumière blanche. En soufflant, évacuez la fatigue et la nervosité. Ne brusquez pas les sensations. Vous pouvez également imaginer une colonne blanche qui vous protège de l'environnement. La luminosité qui en émane s'amplifie lorsque vous inspirez et devient transparente lorsque vous soufflez. Si vous ne parvenez pas à accéder à ces sensations les yeux ouverts, effectuez cet exercice en les fermant.

7 Les yeux fermés et les coudes sur la table, posez la tête entre les mains. Inspirez profondément et soufflez le plus lentement possible en exagérant l'amplification de la lumière blanche qui vous rafraîchit le front ou au contraire vous réchauffe le ventre. Marquez une pause.

8 Redressez-vous. Balancez la tête à droite, à gauche, puis en arrière. Frottez-vous le visage après vous être réchauffé les mains. Ouvrez les yeux et reprenez vos activités. N'hésitez pas à varier un peu la séance en remplaçant la lumière blanche par un souvenir particulièrement agréable…

Sachons chasser le stress... des parents

Mesdames et messieurs, prenez ce petit livre entre vos mains, car pour bien accompagner les enfants, il vous faut être détendus, confiants, pondérés. Bannissez les exhortations oppressantes et optez pour des conseils positifs. Vos tensions et le besoin irrépressible de contrôle alourdissent les épaules du futur bachelier, qui ressent d'autant plus vos émotions à la veille d'un examen capital. La vigilance n'est pas incompatible avec un peu d'affection. Il vous faut au contraire créer un espace de respect et de confiance où il s'agit d'être à l'écoute... d'abord de vous-mêmes ! Alors, commençons !

1 Debout, jambes légèrement écartées et fléchies, inspirez en levant les bras en cercle vers le ciel. En soufflant, prononcez le son « a », comme pour évacuer une émotion pesante. Faites-le plusieurs fois en essayant de décharger vos tensions nerveuses. Exprimez votre nervosité par des sons tels que « ba » ou « beuh » ! Amusez-vous.

2 Posez le dessus des mains sur la poitrine, paumes vers le mur. Inspirez par le nez. Poussez les paumes vers le mur en résistant, et tout en soufflant entre vos lèvres à peine entrouvertes, chuchotez le son « pff ».

3 Redressez-vous et levez les bras vers le plafond. Inspirez doucement par le nez, et tout en hissant les bras, ouvrez les mains et écartez les doigts au maximum. Lorsque les bras sont tendus, imaginez que vous saisissiez deux poignées accrochées au plafond. Fermez alors les poings et tout en soufflant entre vos lèvres légèrement entrouvertes, abaissez vos bras le long du corps en pliant les coudes. Imaginez alors que les poignées résistent. En expirant, prononcez le son « i » et contractez les bras, les avant-bras et les poings.

4 À la fin de l'expiration, pliez les genoux et le buste en compressant le ventre. Ouvrez subitement les mains, comme si vous laissiez tomber un poids trop lourd. Relâchez vivement les bras en prononçant le son « ou ».

5 Une fois détendu, vous pourrez pratiquer la relaxation avec votre enfant ou en couple. Asseyez-vous dos contre dos. Fermez les yeux. Chacun écoute calmement la respiration de l'autre. Si vous sentez une anxiété troubler le rythme respiratoire de votre partenaire, inspirez profondément par le nez et amplifiez votre expiration en soufflant doucement et en imaginant qu'une chaleur se propage de votre dos à celui de votre partenaire. Répétez l'exercice plusieurs fois. Par le souffle, témoignez votre protection et votre tendresse.

6 Face à face, réchauffez-vous mutuellement les mains. Puis, posez chacun la main droite sur le centre de la poitrine de votre partenaire.

7 Passons à la réflexologie plantaire. Asseyez-vous face à face, tendez la jambe et posez le pied sur la cuisse de votre partenaire. Massez-le vigoureusement avec le pouce, en partant du centre de la voûte plantaire vers l'extrémité des orteils, que vous faites alors tourner un à un entre vos doigts. Continuez le massage sur les côtés des pieds, au niveau du talon et jusqu'à la cheville. Prenez maintenant la main de votre partenaire et massez-lui la paume avec le pouce. Vous pouvez ainsi vous masser mutuellement les pieds, ou les mains, pour un agréable massage en famille !

Cette séance empreinte de respect, de partage et de bien-être, vous a rendu disponible et à l'écoute. C'est d'une manière non verbale et intime que vous êtes parvenus à communiquer avec votre enfant, pour un moment de détente privilégié.